AVION
EN POCHE

KEN BLACKBURN
ET JEFF LAMMERS

KÖNEMANN

À ma femme Karen, pour son aide et son amour - JL
À tous les pilotes d'avions en papier, jeunes et vieux, qui font vivre notre passion - KB

Copyright © 1998 Ken Blackburn et Jeff Lammers
L'édition originale a été publiée par
Workman Publishing Company, Inc.
708 Broadway
New York, NY 10003-9555
Design de la couverture : Nancy Loggins Gonzales
Design des pages intérieures : Nancy Loggins Gonzales avec Erica Heitman
Photographies : Walt Chrynwski
Graphiques :
Le Dragonfly (la Libellule), le B-2 Buzz Bomber (le Vrombardier B-2),
le Mummy (la Momie) et le Talon (la Serre) : Shi Chen
Le Saber (le Sabre) : Dan Cosgrove
Les Rotors : Brad Hamann
Le Gargoyle (la Gargouille) : Erica Heitman
Le Shyhawk (le Faucon Timide) : Daniel Pelavin
Le U147 Circuit Cruiser (le Croiseur U147), le Phoenix (le Phénix),
le Wizard (le Magicien) et le Concorde 500 : Mark Reidy.

Titre original : *Pocket Flyers - Paper Airplane Book*

Copyright © 1999 pour l'édition française
Könemann Verlagsgesellschaft mbH - Bonner Str. 126, D-50968 Cologne
Traduction : Dominique Françoise - Réalisation : Libris, Seyssinet-Pariset - Correction : Anne Mingam
Chef de fabrication : Detlev Schaper - Impression et reliure : Kossuth Nyomda Printing House - Imprimé en Hongrie

ISBN 3-8290-2550-5
10 9 8 7 6 5 4 3 2 1

SOMMAIRE

BIENVENUE DANS LE MONDE DE L'AVIATION MINIATURE

Les avions en papier miniatures, bien qu'ayant de nombreux points communs avec les avions en papier de taille standard, présentent néanmoins quelques particularités. En effet, s'ils volent pour les mêmes raisons et doivent être réglés de la même façon, ils sont plus agiles, virent plus vite et sont plus sensibles aux réglages. Leur petite taille les fait paraître plus rapides même si, en réalité, ils volent à la même vitesse que les gros avions en papier.

Ces avions miniatures conviennent parfaitement pour les jeux en intérieur car ils ne risquent pas d'être secoués ni emportés par le vent ou perdus dans la nature.

PETITES ASTUCES DE PLIAGE

Les avions miniatures présentés dans ce livre sont marqués de tirets et de pointillés. Les tirets indiquent qu'il faut plier le papier de façon à ce que les lignes de pliage se trouvent à l'intérieur de la pliure et soient, par conséquent, invisibles une fois le pliage terminé. Chaque ligne est numérotée par ordre de pliage. Les pointillés indiquent qu'il faut plier le papier de façon à ce que les lignes de pliage soient visibles une fois le papier plié. Elles permettent de vérifier que le papier est plié du bon côté. Certains avions nécessitent des découpes. Il faudra le faire selon les lignes épaisses continues.

Formez soigneusement chaque pli en appuyant avec le bout de l'ongle - surtout si l'avion comporte plusieurs plis comme le Saber (le Sabre).

GOUVERNAIL DE PROFONDEUR RELEVÉ

RÉGLER UN AVION

Même en suivant toutes les consignes de pliage, il est peu probable que l'avion vole parfaitement bien du premier coup. Lors des différents réglages, gardez à l'esprit que les avions miniatures sont très sensibles et que la plus petite modification peut avoir d'énormes conséquences. Si, par exemple, vous relevez un tout petit peu trop le gouvernail de profondeur, l'avion ne planera pas mais fera un looping.

LES AILES DOIVENT FORMER UN "Y" AVEC LE FUSELAGE

Une règle d'or : toujours vérifier que les ailes forment un "Y" avec le fuselage.

EN HAUT ET EN BAS

La seconde étape consiste à régler le gouvernail de profondeur pour empêcher l'avion de décrocher (prendre de l'altitude, ralentir et piquer du nez) ou de descendre en piqué. Sur les avions en papier, le gouvernail de profondeur se trouve généralement sur le bord de fuite des ailes. Si l'avion a tendance à piquer du nez, relevez légèrement le gouvernail de profondeur en inclinant un peu le bord de fuite des ailes vers le haut. Si l'avion décroche, aplatissez le bord de fuite des ailes.

À GAUCHE OU À DROITE

Les avions en papier ont souvent tendance à aller trop à gauche ou trop à droite. Pour remédier à ce problème, réglez le gouvernail de direction qui se trouve généralement sur le bord de fuite du fuselage en l'inclinant légèrement sur la droite ou sur la gauche. Si l'avion ne vole pas droit, inclinez le gouvernail de direction vers la droite s'il vire trop à gauche et vers la gauche s'il vire trop à droite. Si l'avion **GOUVERNAIL DE DIRECTION** vole droit et que vous voulez qu'il aille à droite, inclinez le gouvernail de direction vers la droite. S'il doit virer à gauche, inclinez-le sur la gauche.

PETITS SECRETS D'UN BON LANCER

Pas de bon vol sans bon lancer ! La technique est pratiquement la même pour tous les avions. Maintenez le fuselage vers l'avant entre le pouce et l'index. Pour lancer les Rotors et le Dragonfly (la Libellule), voir pages 10 et 26. Tenez l'avion à la hauteur de vos épaules et lancez-le d'un coup sec en avant.

Chaque modèle présenté dans cet ouvrage est unique. Pour progresser dans l'art du pliage, entraînez-vous. Observez l'avion, faites les réglages nécessaires et lancez-le plus ou moins fort. En règle générale, plus les ailes sont grandes, plus l'avion vole lentement et mieux il plane. A contrario, les avions munis de petites ailes sont plus rapides et volent plus longtemps.

CONCORDE 500

Il y a environ 30 ans, des spécialistes en aéronautique anglais et français ont mis au point le Concorde, l'avion civil le plus rapide permettant à 128 passagers de franchir l'Atlantique en moins de trois heures à une vitesse deux fois supérieure à la vitesse du son, soit à plus de 2 000 km/h. Aucun autre modèle ne peut rivaliser avec ce bolide.

UN P'TIT TRUC

Vérifier que les ailes sont symétriques et forment un "Y" avec le fuselage. Pour une meilleure stabilité, relever légèrement le gouvernail de profondeur.

INSTRUCTIONS

PLIER LE LONG DES TIRETS (INVISIBLES UNE FOIS LE PLIAGE TERMINÉ)
ET PLIER LE LONG DES POINTILLÉS (VISIBLES UNE FOIS LE PAPIER PLIÉ).

1. Plier sur les lignes 1 et 2.

2. Plier sur les lignes 3 et 4.

3. Faire pivoter l'avion et le plier en deux sur la ligne 5. Découper la queue en suivant la ligne continue.

4. Plier une aile vers le bas sur la ligne 6.

5. Faire pivoter l'avion et plier l'autre aile sur la ligne 7.

6. Ouvrir l'avion et relever la queue sur la ligne 8. Plier les ailerons sur les lignes 9 et 10.

LES ROTORS

Attention ! les extraterrestres envahissent notre planète. Telles des soucoupes volantes, ils se posent sur le sol à la verticale. Lancez-les tout droit dans les airs ; les pales resteront pliées jusqu'à ce que l'avion ait fini de grimper puis elles s'ouvriront permettant à l'avion de tournoyer rapidement dès qu'il amorcera sa descente. Plus l'avion est lancé de haut (par exemple du haut d'un escalier), plus les figures sont belles.

UN P'TIT TRUC

Vérifier que les ailes sont symétriques et forment un "Y" avec le fuselage afin que l'avion ne se retrouve pas la tête en bas et descende en piqué.

DÉCOUPER LE LONG DES LIGNES CONTINUES. PLIER LE LONG DES TIRETS
(INVISIBLES UNE FOIS LE PLIAGE TERMINÉ) ET PLIER LE LONG
DES POINTILLÉS (VISIBLES UNE FOIS LE PAPIER PLIÉ).

1. Découper les Rotors le long des lignes continues comme indiqué.

2. Prendre un avion puis le plier sur la ligne 1.

3. Plier sur la ligne 2.

4. Plier sur les lignes 3 et 4. Maintenir par un morceau de ruban adhésif (facultatif).

5. Plier les pales vers le bas sur les lignes 5 et 6.

B-2 BUZZ BOMBER

(LE VROMBARDIER B-12)

Ce modèle est inspiré d'un bombardier furtif, le B-2 Stealth Bomber, et d'un insecte, la mouche, ce qui lui vaut le nom de Vrombardier en raison du vrombissement lancinant par lequel l'insecte révèle sa présence. Rapide et agile, cet avion réalise de nombreuses prouesses.

UN P'TIT TRUC

Vérifier que les ailes forment un "Y" avec le fuselage. Pour empêcher l'avion de piquer du nez, relever légèrement le gouvernail de profondeur sur les bords de fuite.

INSTRUCTIONS

DÉCOUPER LE LONG DES LIGNES CONTINUES. PLIER LE LONG DES TIRETS
(INVISIBLES UNE FOIS LE PLIAGE TERMINÉ) ET PLIER LE LONG
DES POINTILLÉS (VISIBLES UNE FOIS LE PAPIER PLIÉ).

1. Découper comme indiqué.

2. Plier sur les lignes 1 et 2.

3. Plier sur la ligne 3.

4. Plier sur les lignes 4 et 5.

5. Faire pivoter l'avion et le plier en deux sur la ligne 6.

6. Plier une aile vers le bas sur la ligne 7.

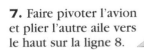 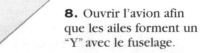

7. Faire pivoter l'avion et plier l'autre aile vers le haut sur la ligne 8.

8. Ouvrir l'avion afin que les ailes forment un "Y" avec le fuselage.

SABER

(LE SABRE)

J adis, les tigres à dents de sabre - bêtes féroces dont les deux canines supérieures étaient longues de plus de 18 cm - semaient la terreur dans toute l'Amérique du Nord. Plus docile, le Sabre est un avion qui réalise de merveilleux vols longue distance.

UN P'TIT TRUC

Pour les vols classiques, relever légèrement le gouvernail de profondeur et lancer l'avion d'un petit coup sec. Pour les loopings, relever un peu plus le gouvernail de profondeur et lancer l'avion droit en l'air.

INSTRUCTIONS

PLIER LE LONG DES TIRETS (INVISIBLES UNE FOIS LE PLIAGE TERMINÉ)
ET PLIER LE LONG DES POINTILLÉS (VISIBLES UNE FOIS LE PAPIER PLIÉ).

1. Plier sur la ligne 1 et rouvrir. Plier sur la ligne 2 et rouvrir. Faire pivoter l'avion, plier sur la ligne 3 et rouvrir. Faire coïncider les points A et B et plier comme indiqué.

2. Plier sur la ligne 4.

3. Rabattre sur la ligne 5.

4. Plier sur la ligne 6 puis rabattre sur la ligne 7.

5. Plier le nez de l'avion vers le bas sur la ligne 8.

9. Ouvrir l'avion et plier les ailerons vers le haut sur les lignes 12 et 13. Plier les "dents" vers le bas sur les lignes 14 et 15.

6. Faire pivoter l'avion et le plier en deux sur la ligne 9.

7. Plier une aile vers le bas sur la ligne 10.

8. Faire pivoter l'avion et plier l'autre aile vers le bas sur la ligne 11.

LE MUMMY
(LA MOMIE)

Ce planeur vous fera découvrir les pyramides de l'Ancienne Égypte et le tombeau du pharaon inconnu. Ressemblant à la Flèche, l'avion en papier le plus répandu, ce modèle a une quantité plus importante de papier au niveau du nez, ce qui le rend plus stable pour les vols à travers le temps et l'espace.

UN P'TIT TRUC

Pour une plus grande stabilité, relever légèrement le gouvernail de profondeur. Cet avion étant très sensible, tous les réglages doivent être effectués avec minutie.

INSTRUCTIONS

PLIER LE LONG DES TIRETS (INVISIBLES UNE FOIS LE PLIAGE TERMINÉ)
ET PLIER LE LONG DES POINTILLÉS (VISIBLES UNE FOIS LE PAPIER PLIÉ).

1. Plier sur les lignes 1 et 2.

2. Plier vers le haut sur la ligne 3.

3. Plier sur les lignes 4 et 5.

4. Plier la pointe vers le bas sur la ligne 6.

5. Faire pivoter l'avion et le plier en deux sur la ligne 7.

6. Plier une aile vers le bas sur la ligne 8.

7. Faire pivoter l'avion et plier l'autre aile vers le bas sur la ligne 9.

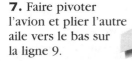

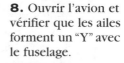

8. Ouvrir l'avion et vérifier que les ailes forment un "Y" avec le fuselage.

LE U147 CIRCUIT CRUISER
(LE CROISEUR U147)

es circuits intégrés ont révolutionné le monde. Ces minuscules composants commandent les outils les plus complexes tels que les montres ou les systèmes de pilotage automatique dont sont équipés les longs courriers tel le Boeing 777. Bien que dépourvu de toute cette technicité, cet avion est lui aussi parfait pour les vols longue distance.

✈

UN P'TIT TRUC

Vérifier que les ailes forment un "Y" avec le fuselage. Pour une plus grande stabilité, relever légèrement le gouvernail de profondeur sur le bord de fuite de chacune des ailes.

INSTRUCTIONS

PLIER LE LONG DES TIRETS (INVISIBLES UNE FOIS LE PLIAGE TERMINÉ)
ET PLIER LE LONG DES POINTILLÉS (VISIBLES UNE FOIS LE PAPIER PLIÉ).

1. Plier sur la ligne 1.

2. Plier sur la ligne 2.

3. Plier sur la ligne 3.

4. Faire pivoter l'avion et plier sur la ligne 4.

5. Plier une aile vers le bas sur la ligne 5.

6. Faire pivoter l'avion et plier l'autre aile vers le bas sur la ligne 6.

7. Ouvrir l'avion comme indiqué.

8. Plier les ailerons vers le haut sur les lignes 7 et 8.

LE TALON
(LA SERRE)

Ce modèle a plusieurs points communs avec le hibou : de grandes ailes et la faculté de planer sur de longues distances. Silencieux et stable, cet avion en papier permet de réaliser de très beaux vols. Mais, ne comptez pas sur lui pour rapporter des proies !

UN P'TIT TRUC

Pour les vols classiques, relever légèrement le gouvernail de profondeur. Pour les virages, incliner le gouvernail de direction sur la droite ou sur la gauche.

DÉCOUPER LE LONG DES LIGNES CONTINUES. PLIER LE LONG DES TIRETS
(INVISIBLES UNE FOIS LE PLIAGE TERMINÉ) ET PLIER LE LONG DES
POINTILLÉS (VISIBLES UNE FOIS LE PAPIER PLIÉ).

1. Plier sur les lignes 1 et 2.

2. Plier sur la ligne 3.

3. Rabattre sur la ligne 4.

4. Faire pivoter l'avion et le plier en deux sur la ligne 5. Découper la queue en suivant la ligne continue.

5. Plier une aile vers le bas sur la ligne 6.

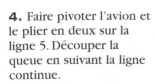

6. Faire pivoter l'avion et plier l'autre aile vers le bas sur la ligne 7.

7. Ouvrir l'avion et relever la queue sur la ligne 8. Plier les ailerons vers le haut sur les lignes 9 et 10.

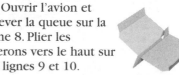

LE SKYHAWK
(LE FAUCON TIMIDE)

Ce modèle est inspiré d'un petit avion civil, le Cessna 172 connu sous les noms de T-41 Mescalero, 175 Skylark (l'Alouette), le Cutlass (le Sabre) ou le Shyhawk (le Faucon Timide). De nombreuses versions ont vu le jour depuis 1956. Cet avion en papier est aussi stable que le modèle grandeur nature dont la grande fiabilité en fait l'avion le plus utilisé dans les écoles de pilotage.

UN P'TIT TRUC

Pour plus de stabilité, glisser un trombone sur le nez de l'avion et relever légèrement le gouvernail de profondeur. Lancer l'avion d'un petit coup sec. Pour plus de portance, incliner le bord de fuite des ailes vers le bas.

DÉCOUPER LE LONG DES LIGNES CONTINUES. PLIER LE LONG DES TIRETS (INVISIBLES UNE FOIS LE PLIAGE TERMINÉ) ET PLIER LE LONG DES POINTILLÉS (VISIBLES UNE FOIS LE PAPIER PLIÉ).

1. Découper comme indiqué.

2. Plier l'aile sur la ligne 1.

3. Plier l'aile sur la ligne 2.

4. Plier le fuselage en deux sur la ligne 3.

5. Plier les ailerons vers le bas sur les lignes 4 et 5 et les gouvernails de profondeur horizontaux sur les lignes 6 et 7.

6. Fixer l'aile au fuselage avec du ruban adhésif aux endroits indiqués.

7. Fixer le gouvernail de direction à l'intérieur du fuselage avec du ruban adhésif afin que la ligne sur la partie inférieure du gouvernail de direction corresponde exactement à la partie supérieure du fuselage. Glisser un trombone sur le nez de l'avion.

LE GARGOYLE
(LA GARGOUILLE)

Si les gargouilles sont condamnées à passer leur vie accrochées à une gouttière, cet avion quant à lui sera libre comme l'air. Idéal pour les vols en intérieur ou en extérieur, ce modèle est le roi de la voltige. Pour les loopings, relever le gouvernail de profondeur et lancer l'avion d'un coup sec vers le haut. Pour les virages à droite ou à gauche, régler le gouvernail de direction et lancer droit devant.

UN P'TIT TRUC

Maintenir le dessous des ailes bien à plat avec quelques morceaux de ruban adhésif. Pour une meilleure stabilité, relever légèrement le gouvernail de profondeur.

INSTRUCTIONS

DÉCOUPER LE LONG DES LIGNES CONTINUES. PLIER LE LONG DES TIRETS
(INVISIBLES UNE FOIS LE PLIAGE TERMINÉ) ET PLIER LE LONG DES
POINTILLÉS (VISIBLES UNE FOIS LE PAPIER PLIÉ).

1. Découper comme indiqué.

2. Plier sur les lignes 1 et 2.

3. Plier sur la ligne 3.

4. Plier sur les lignes 4 et 5.

5. Faire pivoter l'avion et le plier sur la ligne 6. Découper la queue sur la ligne continue.

6. Plier une aile vers le bas sur la ligne 7.

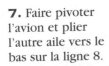

7. Faire pivoter l'avion et plier l'autre aile vers le bas sur la ligne 8.

8. Ouvrir l'avion et relever la queue sur la ligne 9.

LE DRAGONFLY
(LA LIBELLULE)

Grâce à ses grandes ailes et à sa longue queue, la libellule voltige gracieusement en quête de nourriture. Mais sous une apparente fragilité, cet insecte s'avère un redoutable chasseur capable d'ingurgiter quantité de nourriture (jusqu'à son poids) en 30 minutes. Moins gourmand, cet avion en papier réalise de très beaux vols. Pour le lancer, pincer l'arrière de la queue entre le pouce et l'index et le lancer d'un petit coup sec.

UN P'TIT TRUC

Vérifier que les ailes forment un "V" lorsque vous regardez l'avion de face. Pour une meilleure stabilité, relever légèrement le gouvernail de profondeur.

INSTRUCTIONS

DÉCOUPER LE LONG DES LIGNES CONTINUES. PLIER LE LONG DES TIRETS
(INVISIBLES UNE FOIS LE PLIAGE TERMINÉ) ET PLIER LE LONG DES
POINTILLÉS (VISIBLES UNE FOIS LE PAPIER PLIÉ).

1. Découper la queue comme indiqué.

2. Plier sur la ligne 1 et rouvrir. Idem pour la ligne 2. Retourner l'avion, plier sur la ligne 3 et rouvrir. Faire coïncider les points A et B.

3. Faire pivoter l'avion et plier sur la ligne 4.

4. Rabattre sur la ligne 5.

5. Plier sur la ligne 6.

6. Rabattre sur la ligne 7.

7. Plier le nez par-dessus la ligne 8.

8. Plier les ailerons vers le haut sur les lignes 9 et 10.

9. Faire pivoter l'avion. Plier sur la ligne 11 et rouvrir. Plier la queue sur la ligne 12 et ouvrir en partie. Insérer la queue dans le fuselage.

LE PHOENIX
(LE PHÉNIX)

Selon la légende, après s'être immolé par le feu, cet oiseau parvint à renaître de ses cendres.
Si l'avion en papier a tendance à piquer du nez, quelques réglages lui éviteront de s'écraser.
Après tout, le phénix a la vie dure !

UN P'TIT TRUC

Pour les vols classiques, relever légèrement le gouvernail de profondeur. Cet avion étant particulièrement sensible, tous les réglages doivent être effectués avec délicatesse et minutie.

DÉCOUPER LE LONG DES LIGNES CONTINUES. PLIER LE LONG DES TIRETS
(INVISIBLES UNE FOIS LE PLIAGE TERMINÉ) ET PLIER LE LONG DES
POINTILLÉS (VISIBLES UNE FOIS LE PAPIER PLIÉ).

1. Découper comme indiqué. Jeter la plus petite partie.

2. Plier sur les lignes 1 et 2.

3. Plier le nez vers le haut sur la ligne 3.

4. Plier sur la ligne 4.

5. Plier le nez vers le bas sur ligne 5.

6. Faire pivoter et plier en deux sur la ligne 6. Découper la queue sur la ligne continue.

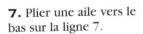

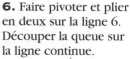

7. Plier une aile vers le bas sur la ligne 7.

8. Faire pivoter l'avion et plier l'autre aile vers le bas sur la ligne 8.

9. Ouvrir l'avion et relever la queue sur la ligne 9.

LE WIZARD
(LE MAGICIEN)

Lorsqu'il s'aventure à l'extérieur de sa grotte, le magicien prend la forme d'un corbeau. Agile comme cet oiseau, l'avion en papier effectue de merveilleux exercices de voltige (loopings et piqués) à condition de connaître les bonnes incantations !

UN P'TIT TRUC

La queue de l'avion étant assez éloignée des ailes, le moindre réglage aura un effet sur la qualité du vol. Pour les loopings, relever au maximum le gouvernail de profondeur et lancer l'avion droit en l'air. Pour les piqués, relever le gouvernail de profondeur, pointer le nez de l'avion vers le bas et le lâcher afin qu'il plonge vers le sol et se redresse avant de s'écraser.

INSTRUCTIONS

DÉCOUPER LE LONG DES LIGNES CONTINUES. PLIER LE LONG DES TIRETS
(INVISIBLES UNE FOIS LE PLIAGE TERMINÉ) ET PLIER LE LONG DES
POINTILLÉS (VISIBLES UNE FOIS LE PAPIER PLIÉ).

1. Découper comme indiqué.

2. Plier sur les lignes 1 et 2.

3. Plier sur la ligne 3.

4. Rabattre le nez sur la ligne 4.

5. Plier les ailes sur les lignes 5 et 6.

6. Faire pivoter l'avion et le plier en deux sur la ligne 7.

7. Plier une aile vers le bas sur la ligne 8.

8. Faire pivoter l'avion et plier l'autre aile vers le bas sur la ligne 9.

9. Ouvrir l'avion comme indiqué. Vérifier que les ailes forment un " Y " avec le fuselage.

✈ CARNET DE VOL ✈

INSCRIRE DANS LE CARNET DE VOL LES PERFORMANCES RÉALISÉES :
RECORDS DE DURÉE OU DE DISTANCE.

DATE	NOM DE L'AVION	DURÉE DE VOL MAXIMALE	DISTANCE MAXIMALE

ESCADRILLE
DE POCHE

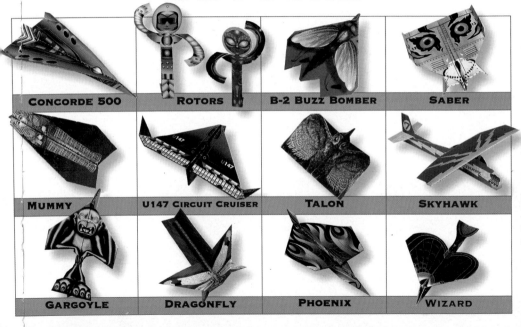

CONCORDE 500 | ROTORS | B-2 BUZZ BOMBER | SABER

MUMMY | U147 CIRCUIT CRUISER | TALON | SKYHAWK

GARGOYLE | DRAGONFLY | PHOENIX | WIZARD

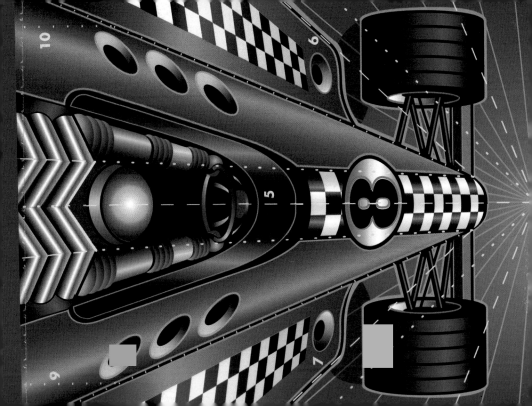

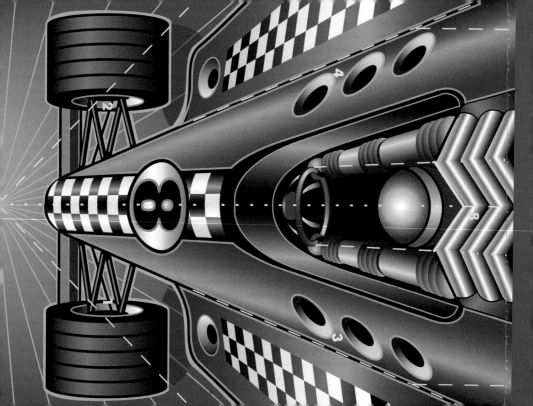

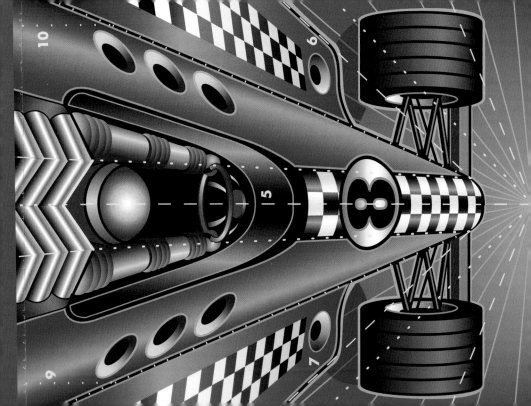

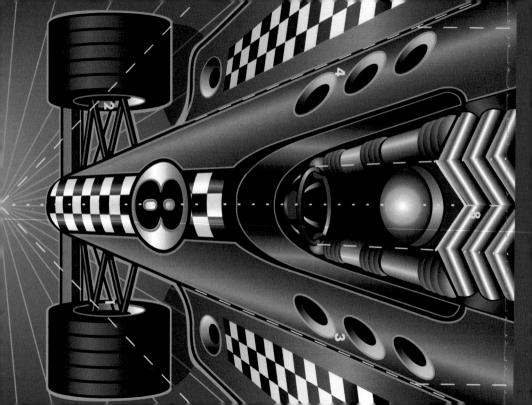

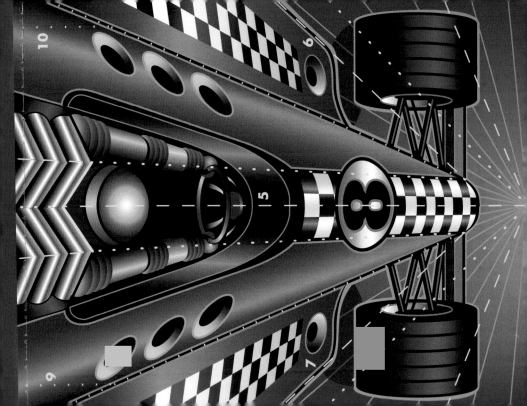

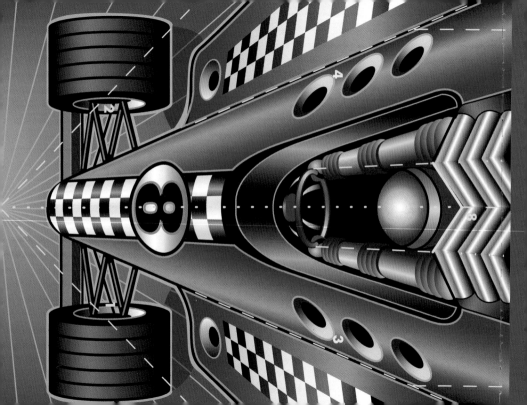

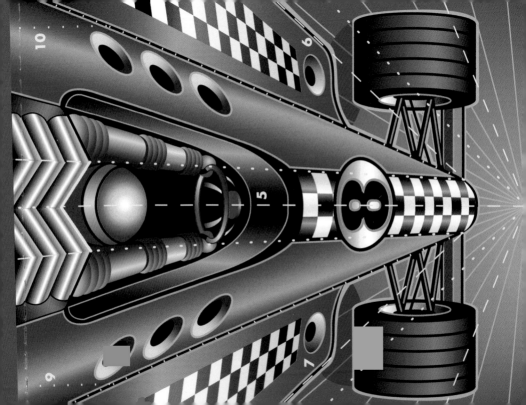

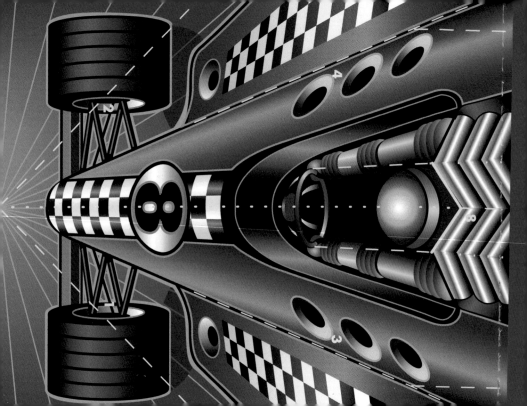

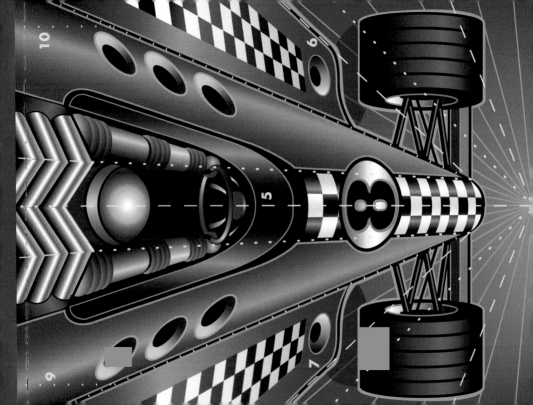

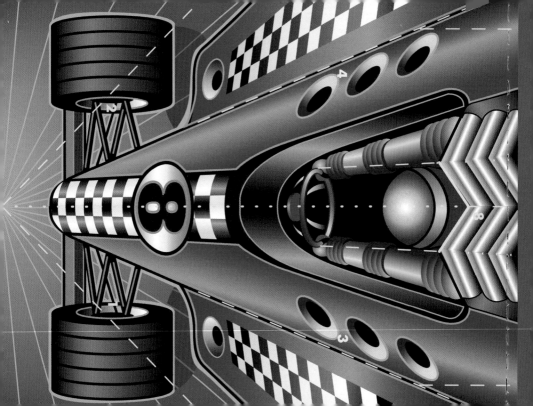

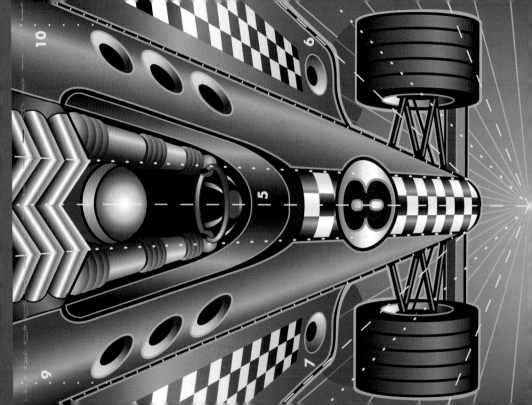

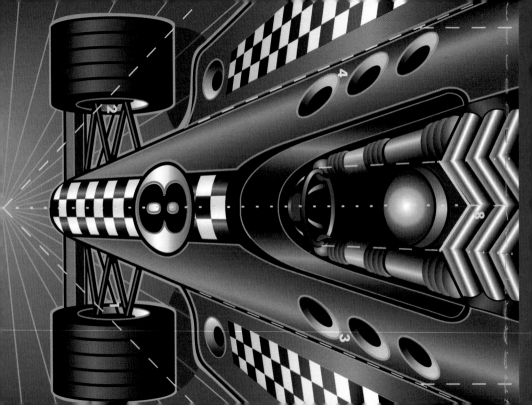

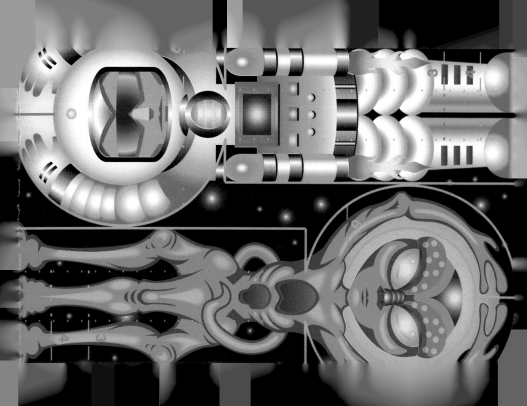

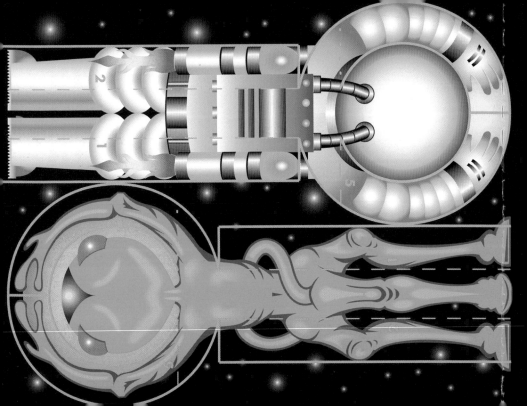

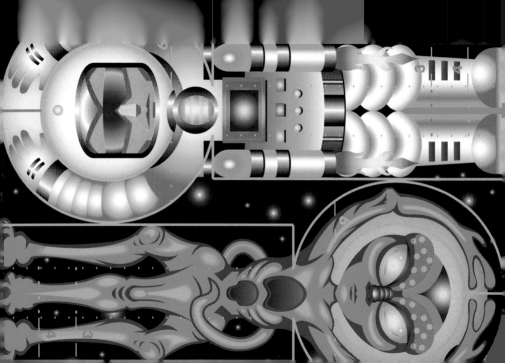

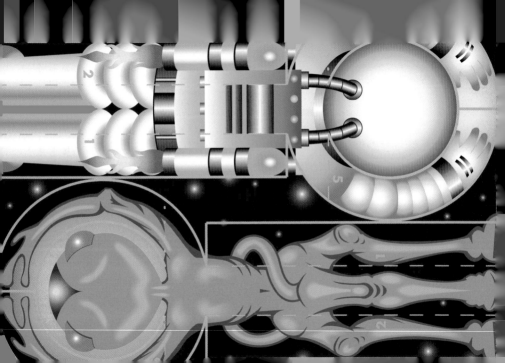

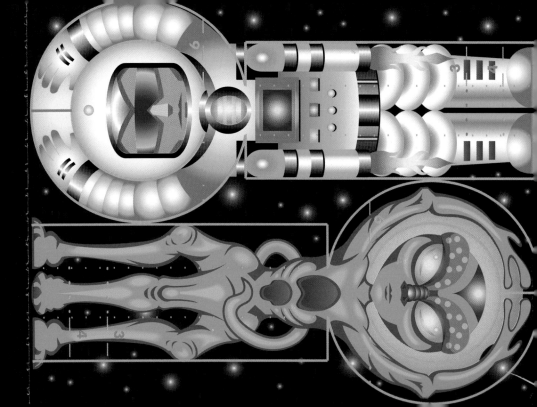

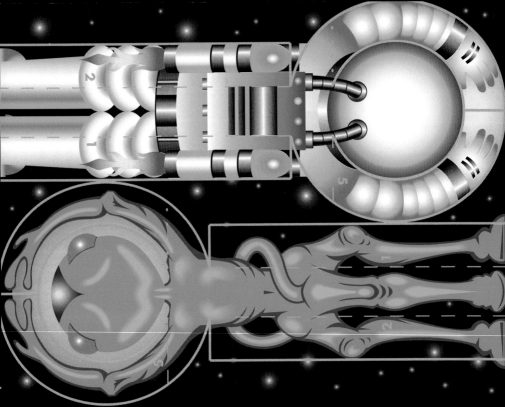

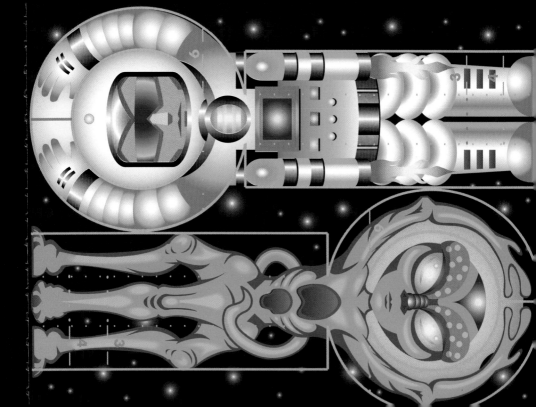

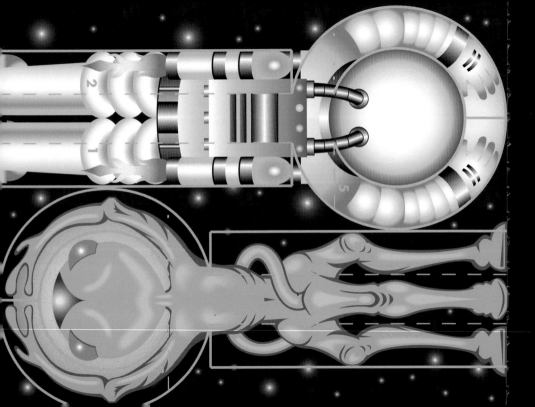

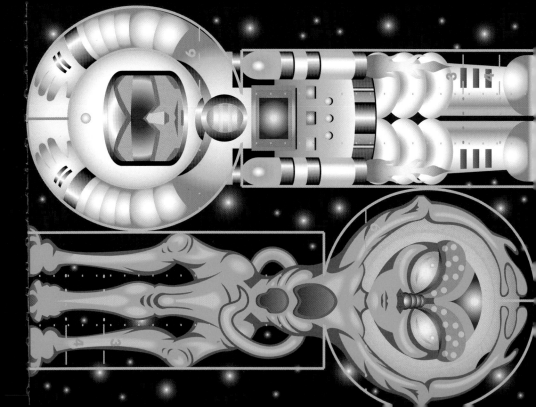

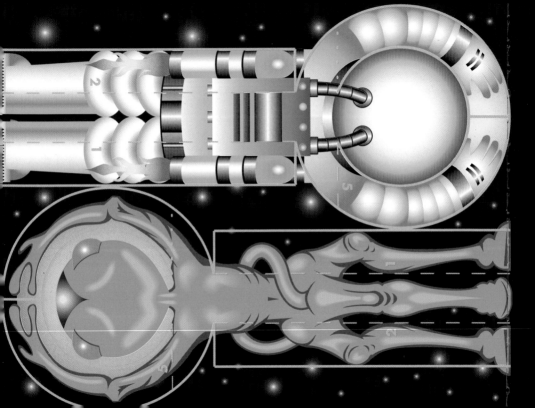

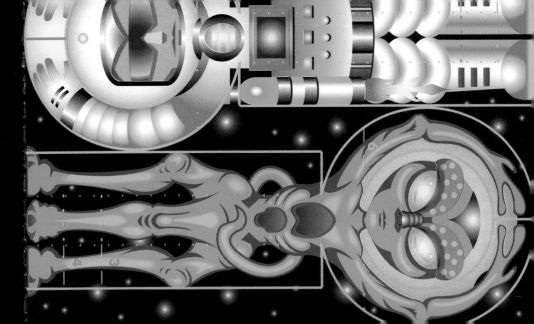

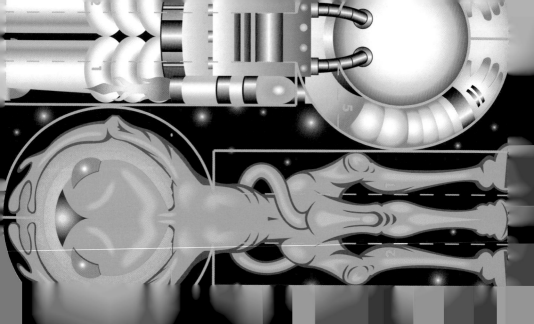

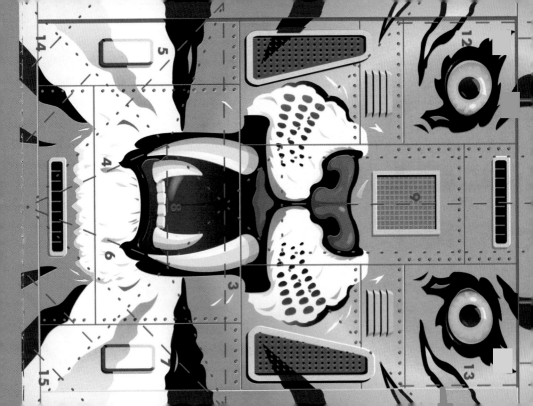

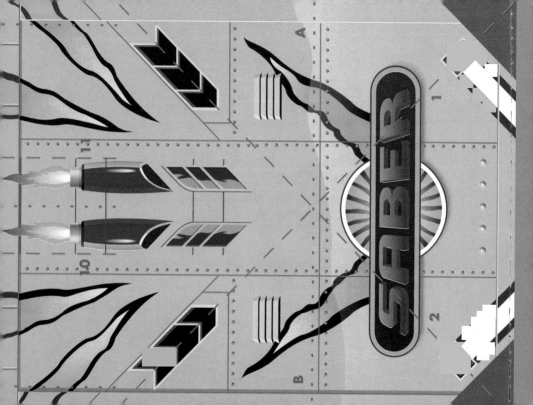

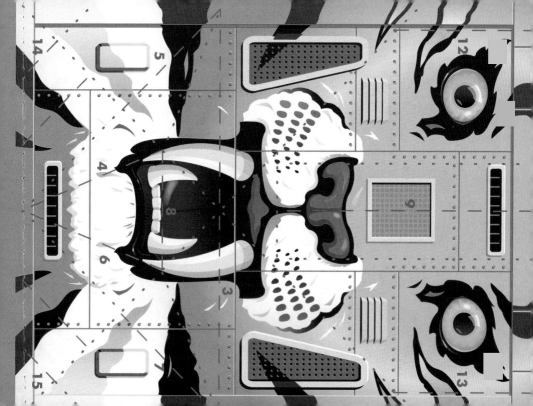

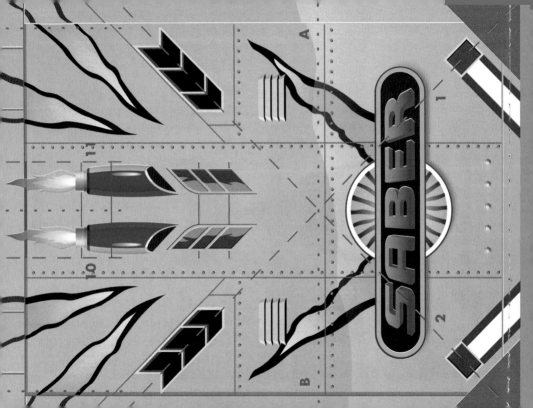

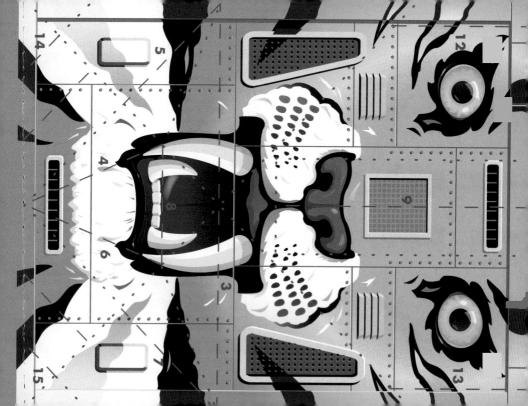

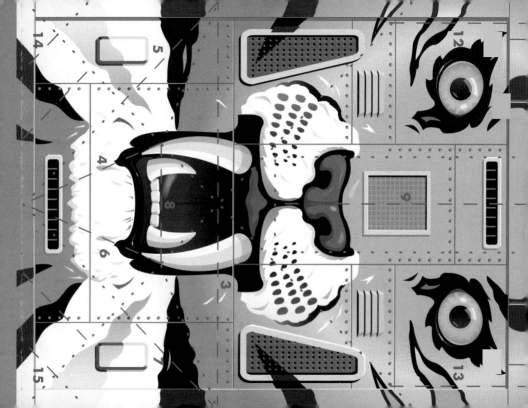

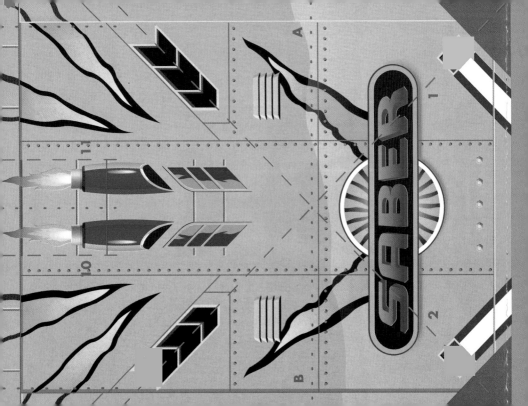

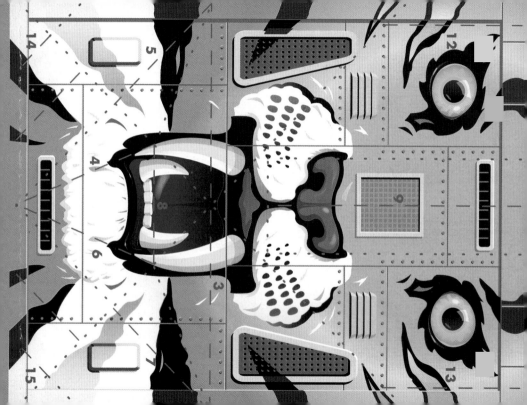

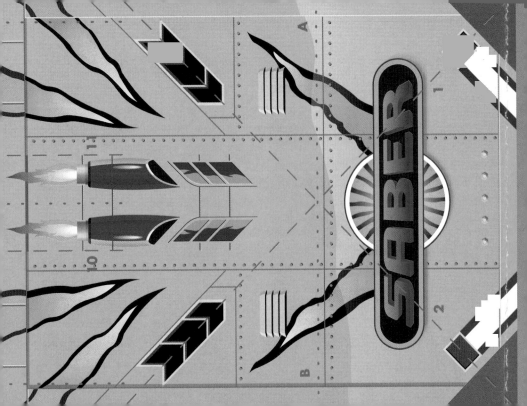

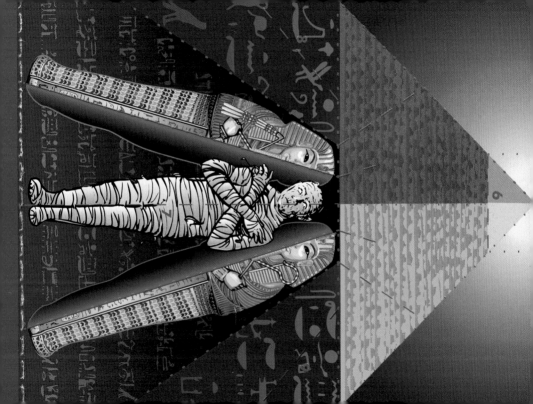

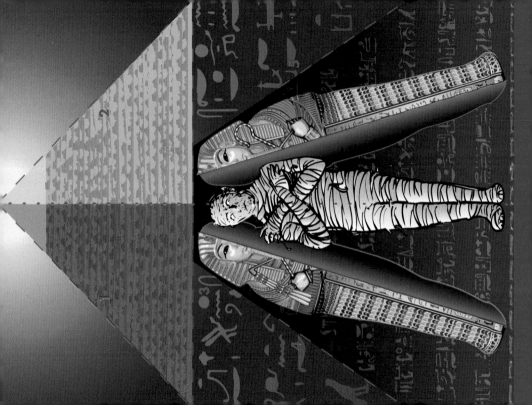

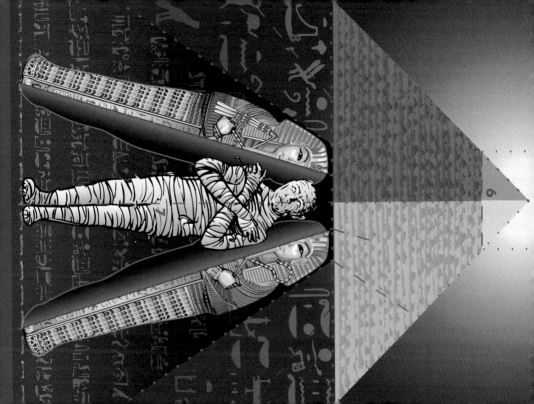

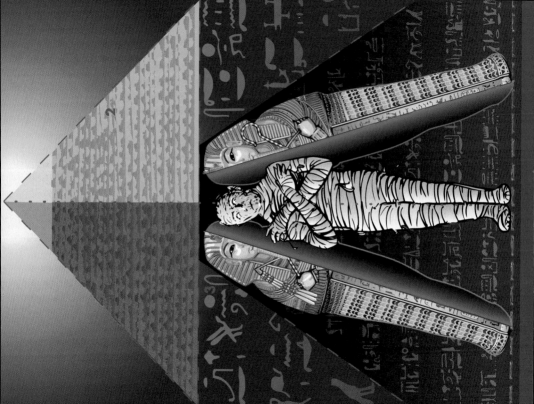

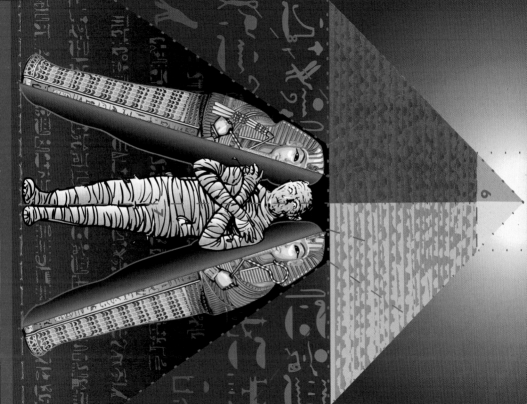

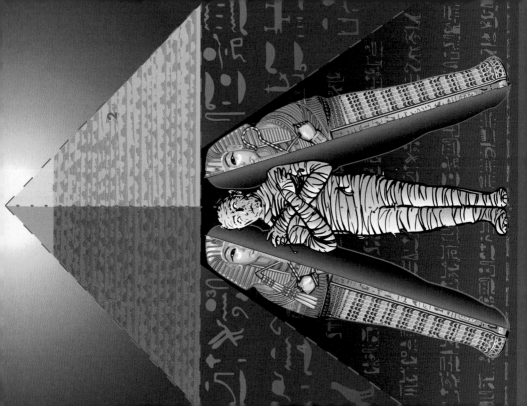

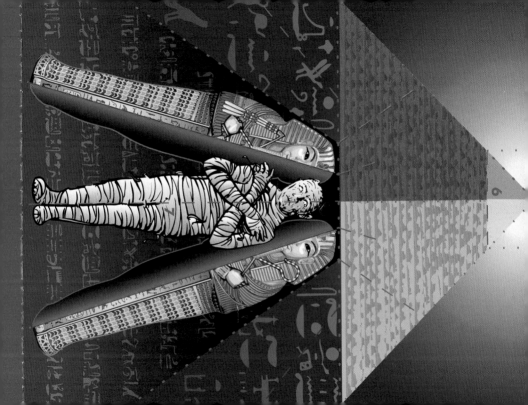

6

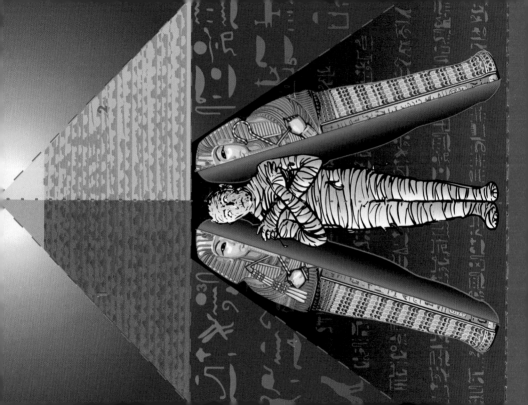

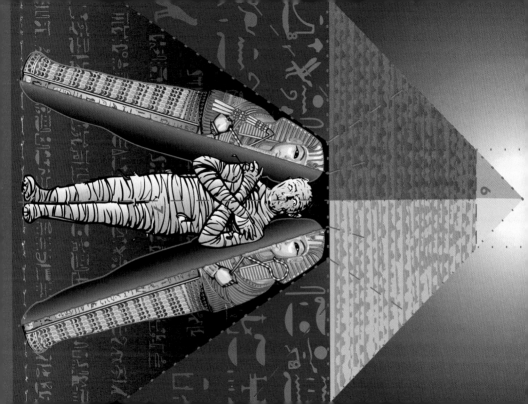

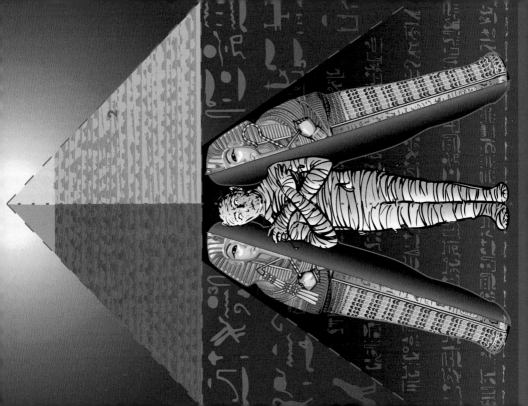

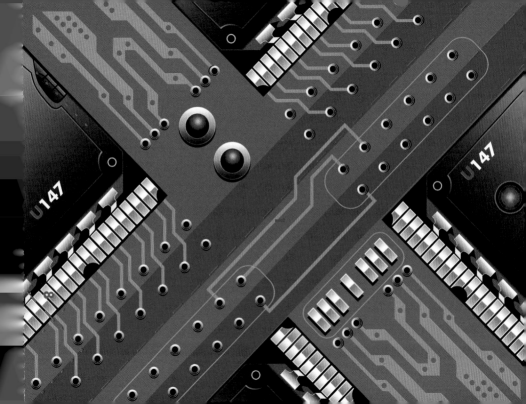

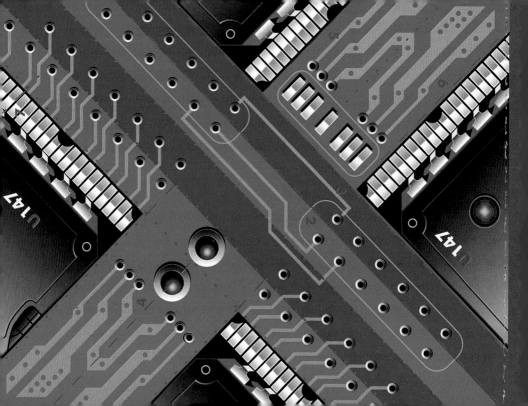

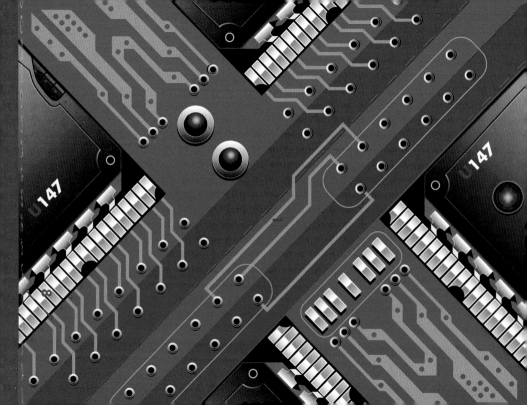

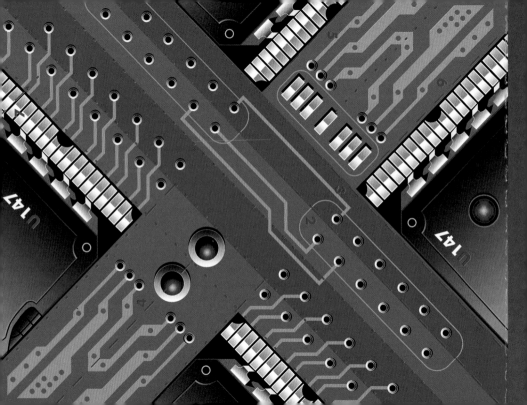

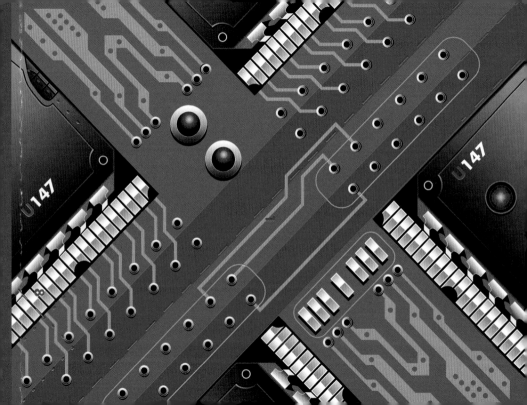

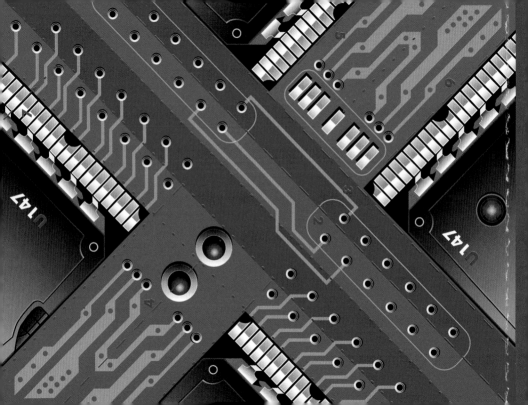

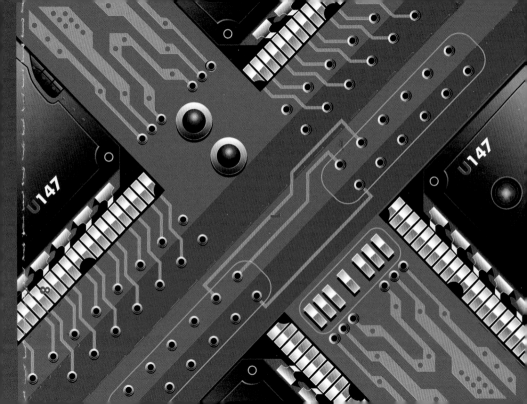

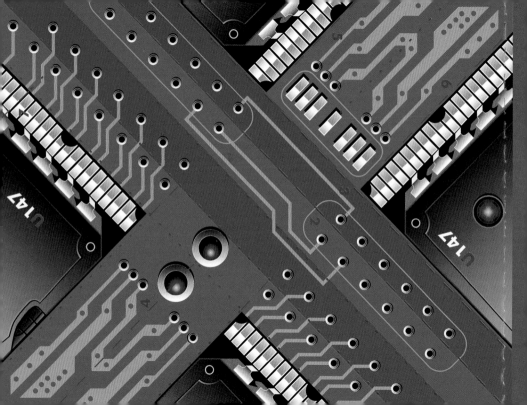

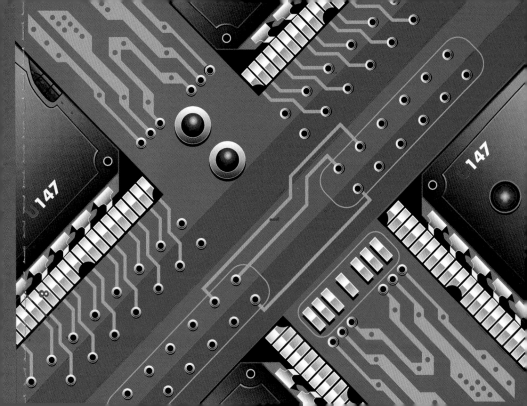

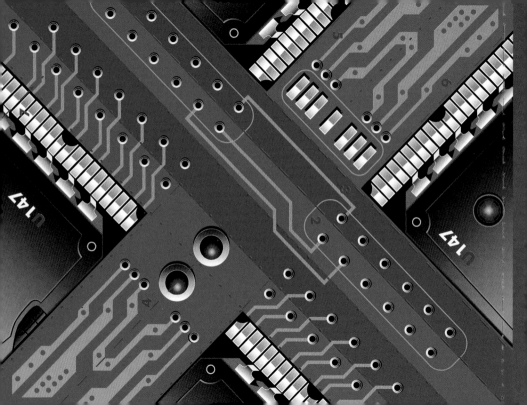

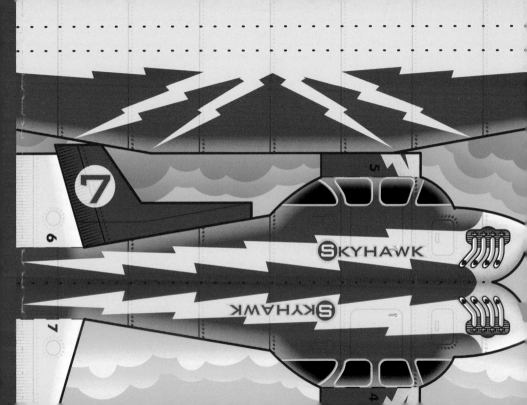

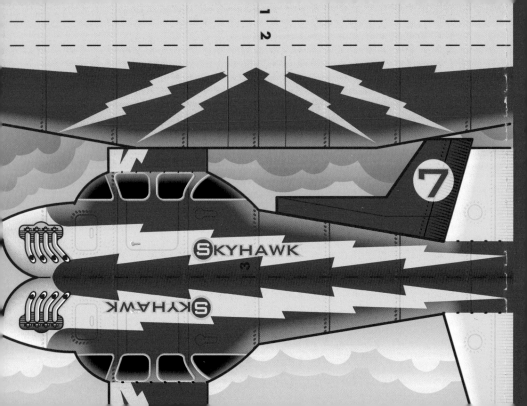

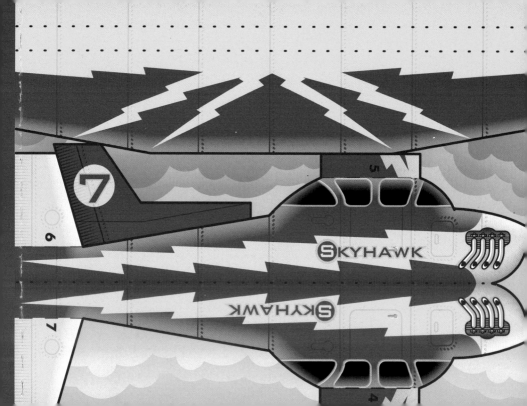

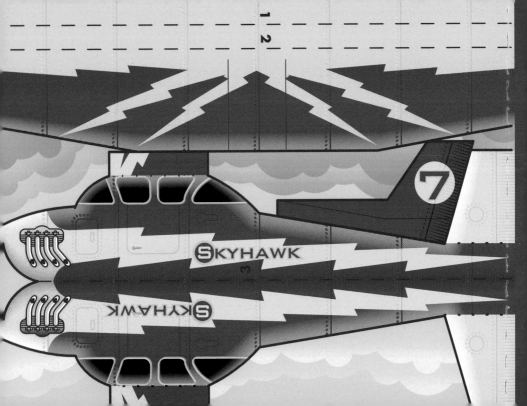

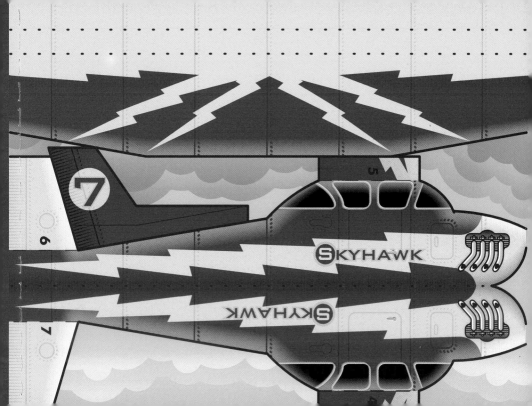

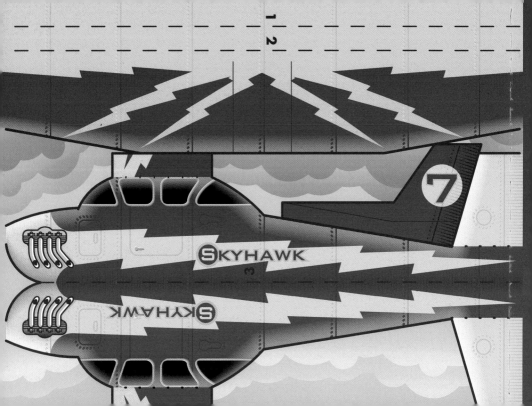

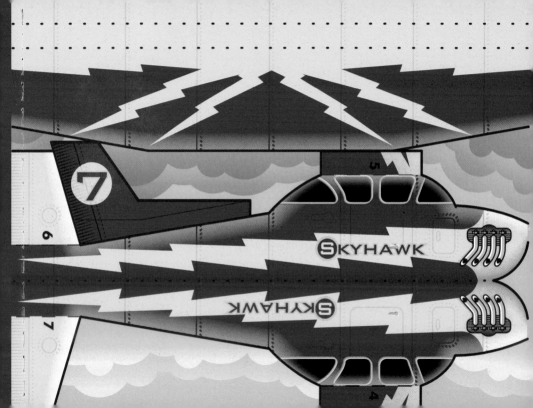

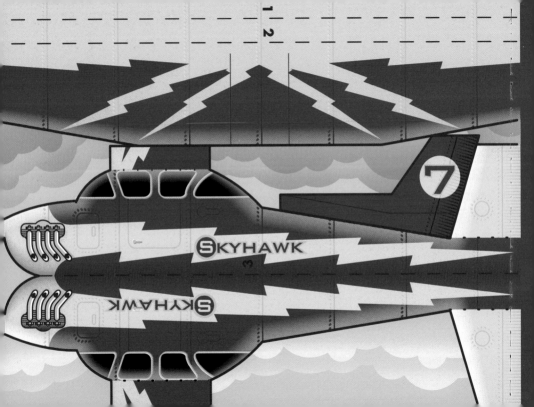

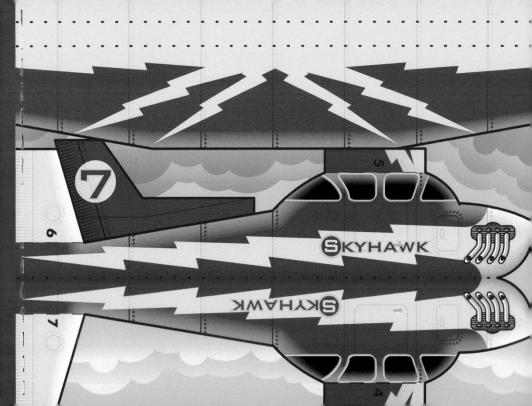

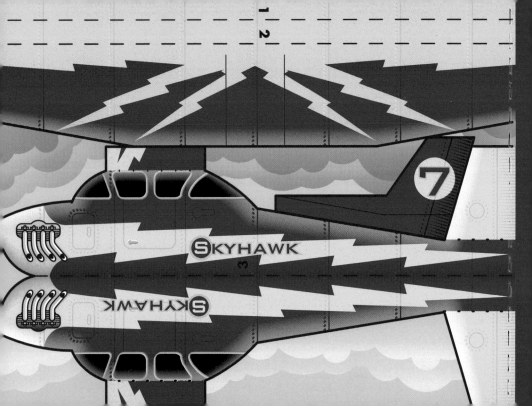

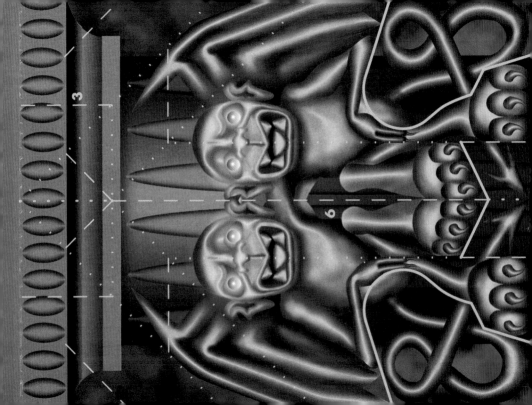

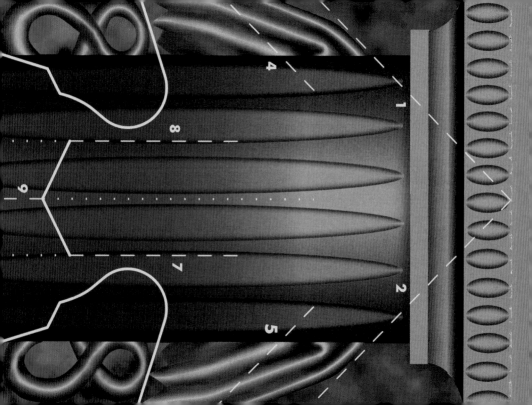

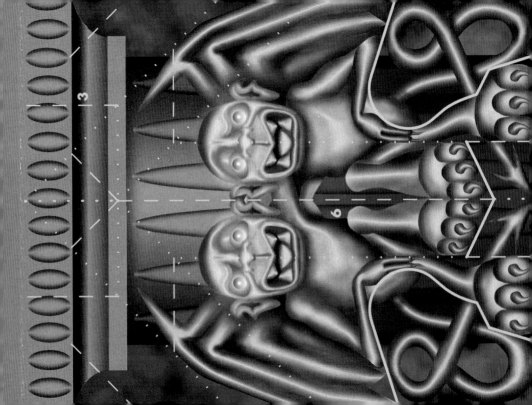

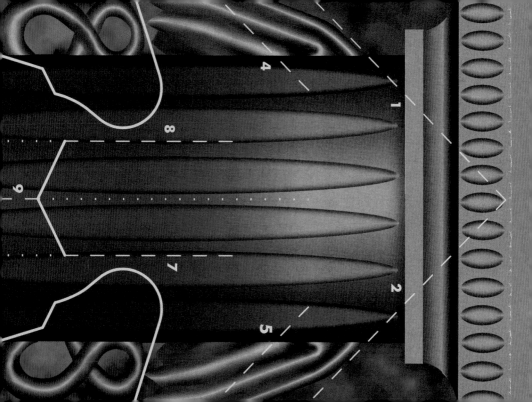

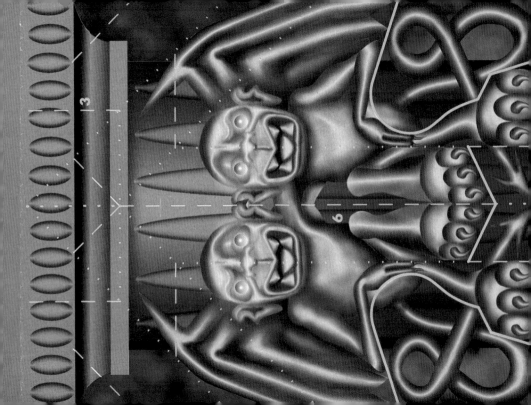

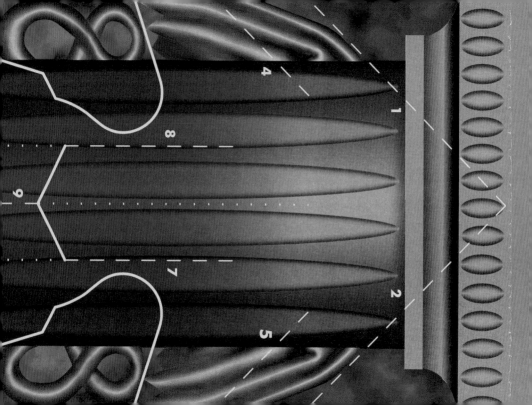

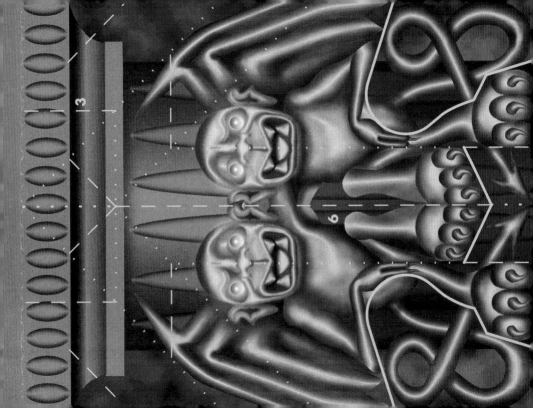

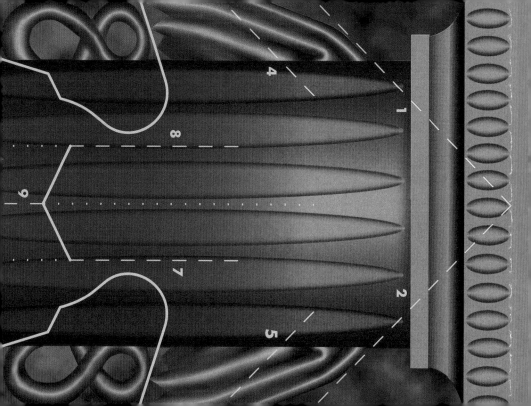

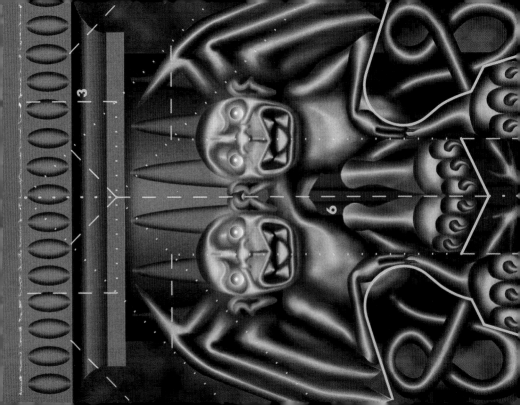

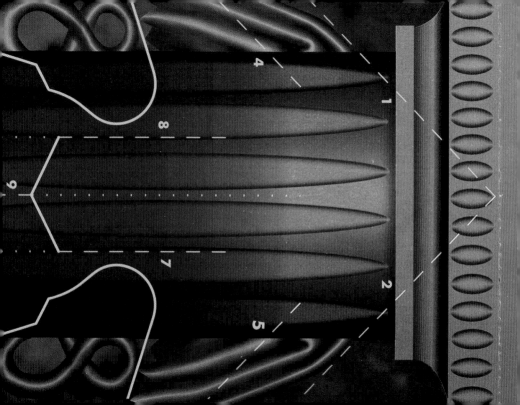

A

B

1

2

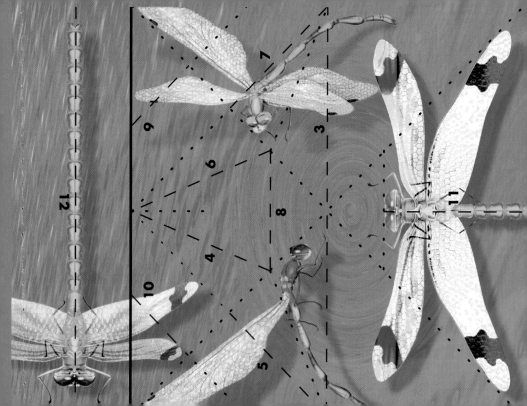

Phoenix

Phoenix

Phoenix

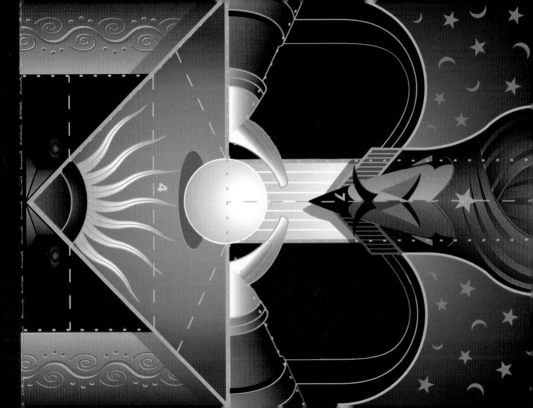

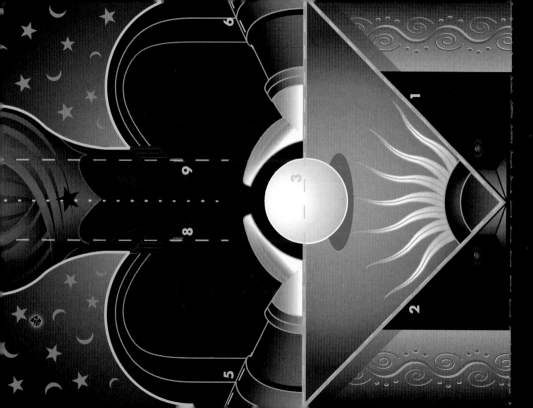

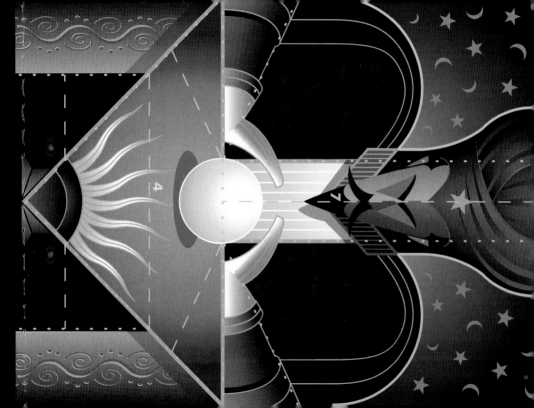

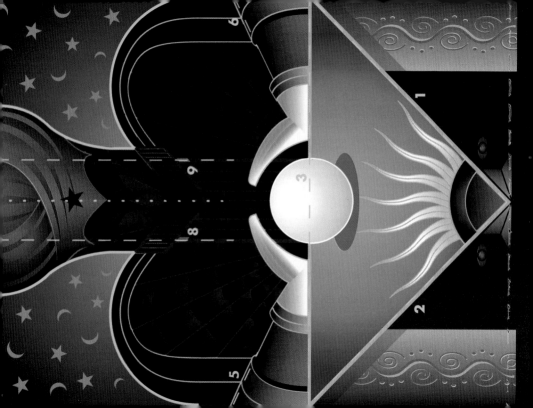

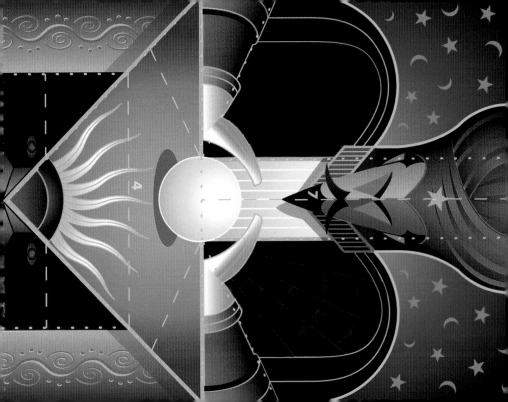

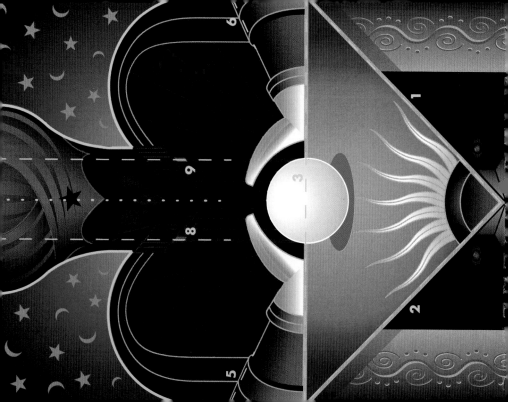

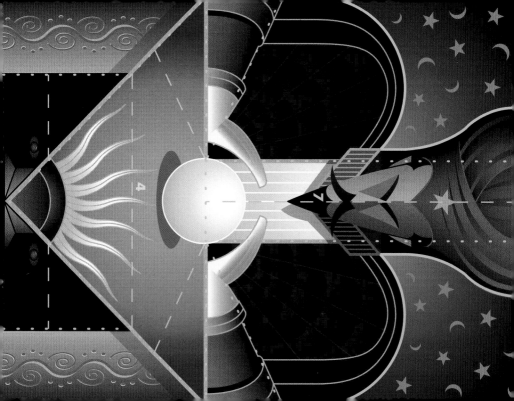

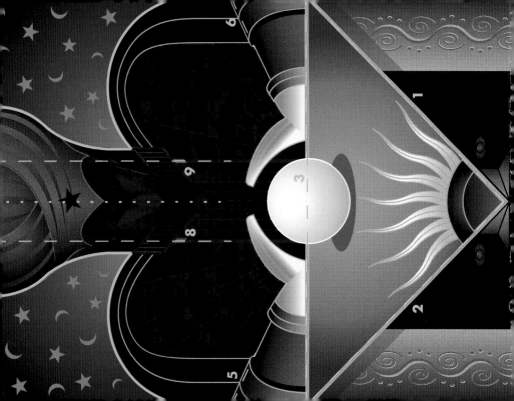

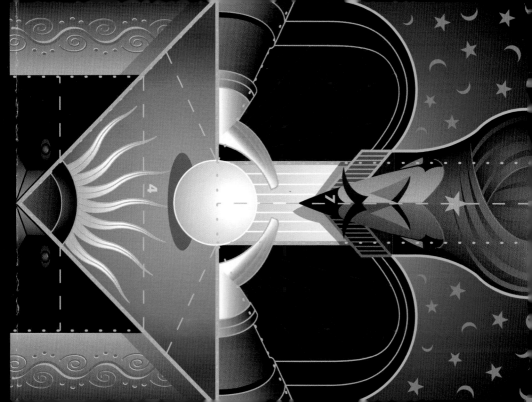

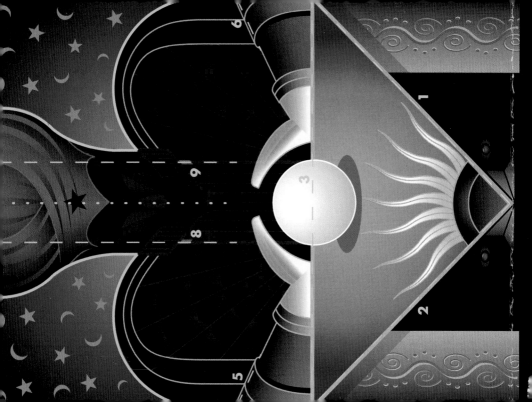